JN439794

강 영 환 지리산 시집

벽 소 령

강영환 시집

벽소령

지은이 강영환
펴낸이 최명자
펴낸곳 책펴냄열린시
주　소 부산광역시 중구 중앙동 3가 14-1번지
전　화 051-464-8716

출판등록번호 제 02-01-256호
출판등록일 1991년 2월 4일

발행일 1판 1쇄 2007년 5월 7일

값 7,000 원

ISBN 978-89-87458-54-0 03810

벽 소 령

힘 들여 오르는 산길에
앞선 발자국을 밟아 걷지 말라
비틀거린 흔적에 네가 빠지리라
내게는 나의 길이 있고
네게는 너의 길이 따로 있으니
무심히 따르면서
내 발자국을 깊이 밟지 말라

▲강영환은 경남 산청에서 출생하여 1977년 동아일보 신춘문예 시 「공중의 꽃」으로 등단. 1979년 『현대문학』 시 천료(필명 姜山淸) 1980년 동아일보 신춘문예 시조 「남해」 당선. 시집으로 『칼잠』, 『불순한 일기 속에서 개나리가 피었다』, 『쓸쓸한 책상』, 『이웃 속으로』, 『황인종의 시내버스』, 『길 안의 사랑』, 『놈-철들무렵』, 『눈물』, 『뒷강물』, 『푸른 짝사랑에 들다』, 『불무장등』, 『집을 버리다』와 CD롬 시집 『블랙커피』가 있고. 시조집 『북창을 열고』, 『남해』가 있다. 월간 『열린시』 주간 역임. 민족문학작가회의 회원, 부산민예총 회장 역임, 제 26회 이주홍 문학상 수상.

□ 책머리에

나의 두번째 지리산 시집이다.

앞선 시집 『불무장등』이 지리산의 아픔을 담았다면 이 책에서는 지리산의 아름다움을 담으려 했다. 그러나 가면 갈수록 모시적삼에 밴 풀빛 얼룩처럼 슬픔이 묻어나는 지리산을 어쩔 수가 없다. 가서 보아라 그대

지리산의 겉만 보고서는 아름다움으로 치장할 수 있겠지만 그 안에 들어서는 아프다. 그래서 나는 지리산을 간다.

2007. 봄
저자

제 1 부 주능에 서다

제 2 부 남녘에 들다

제 3 부 북녘에 들다

제 1 부

주능에 서다

지리산에 가서

—서시

비탈에 대팻집나무로라도 서있고 싶다
키는 작고 가지가 처져있는 나무
그곳에 사는 이름 붙일 수 없는 나무라도
결코 초라해 보이지 않는다 그는
지리산에 산다는 것만으로도 향기가 났다

물과 흙이 살을 가져 오고
계곡 물소리는 뿌리의 노래
가시덤불은 가지의 친구
구름 그림자는 잎의 기쁨

눈과 비와 바람이 지나간 뒤
햇살은 뼈 속까지 비춰 주었다
그때 먼 우주에서 돌아 온 나무
까마득한 원시로부터
응달에 합다리나무로라도 잠들고 싶다

아직도 지리산을 간다
—나의 배낭

손이 자주 가지 않는 다락 구석에
색 바랜 배낭이 웅크려 있다
오랫동안 내 등에 업혀 땀에 절었고
따가운 햇살에 그을려 얼룩 투성이
함께 맞은 비를 간직한 채다
눈 어두워진 저물녘이 되어도 아직
낡은 배낭을 포기하지 못한 것은
사철 지리산이 날 찾기 때문이다
몰래 깊은 잠에 들어 있어도 수시로
문 밖에 와서 부르기 때문이다

두 번 세 번 그 산에 가는 것은
산의 부피에 빠져보기 위해서다
열 번 스무 번 그 산에 가는 것은
산의 무게를 닮아보기 위해서다
백 번 천 번 그 산에 가는 것은
산의 가슴을 느껴보기 위해서다

가도 가도 끝나지 않는 나의 지리산은
상처가 깊어 눈물이 많아도
젖은 그리움을 넘기에는

그 중에 든 내가 너무 어리다
산의 오랜 친구
색 바랜 얼굴은 아직도 지리산을 간다
잊혀지지 않고 도반으로 남은 배낭은
시방 다락 구석에 웅크리고 있지만
부름에 못이긴 채 내 등짝에 붙어
발걸음보다 더 가볍게 산을 오를 것이다

외로운 막내

—웅석봉

곶감 팔러 간 엄마는 오지 않았다
길가에 앉은 막내는 또 누굴 기다리는가
둔철산 감고 돌아가는 3번 국도에
느려 터진 빨간 버스가 몇 대인가 흘러가도
무겁게 짓누르는 먹구름은 걷히지 않는다
산에 든 아버지 못내 그리워
나뭇짐 내려 놓고 우러르니
먼 눈보라 속에 우뚝 천왕봉이 서있다

눈발 날리는 까마득한 골짜기
지겹도록 푸른 산을 담고 가는 경호강에
함께 가자 이르지만
강물은 진즉부터 얼어 붙었다
아버지 산으로 떠나시던 산굽이
굽은 길이 묻힌 저물녘에
갈 곳 잃은 막내가
남루한 몸을 눈보라에 묻었다

설해목
—달뜨기능

하늘은 짊어졌던 몸무게를 버린다
종일토록 가볍게 눈이 내려
달뜨기능이 먼저 환해졌다
소리도 없이 하강하고 있는 노숙자들
수없는 추락은 멈춰 서지 않고
누가 있어 말릴 수 있는가
오랜세월 천왕봉 가는 소나무
늙은 솔이 고스란히 받들고 섰다
솔잎 위에 겹겹이 내려앉아
눈 덮인 산이 날아 갈 듯 가벼워지면
두터운 옷으로 몸 무거워진
백년 솔 푸른 가지
가벼움으로 지그시 누르고
하늘이 쌓여 툭, 부러지는 관절염
예서 주저 앉지 마
천왕봉이 저기야 일어나 가자

왕의 침묵

—구형왕릉

시간은 돌로 눌러 앉았더라
검은 이끼를 누가
흔적이라 남기고 갔는가 수 천 년
비와 바람으로 닦아 내었어도
깊게 내린 소멸의 뿌리는
장막을 치고 돌 속에 침잠하느니

왕산에 눈이 내렸다
돌덩이 위에 차곡차곡 지나가는 눈발
가야의 시린 눈보라
강에 누워 강의 침묵이 되고
바위에 앉아 바위의 침묵이 되고
산에 내려 산의 침묵이 되었다

왕가의 영화는 눈발 속에 묻혀
깊은 잠에 든 왕은 밖으로 나오지 않았다
천년 돌더미 속에 몸을 숨겼으므로
차곡차곡 재여진 시간 밖에서도
왕의 묵은 침묵은 하얀 잠에 묻혀
견고한 침묵위에 다시 침묵을 더하더라

발자국 하나

—왕등재

누가 지나 갔는지
왕등재에 깊이 찍힌 발자국 하나
늪에 빠진 내게 일러 주었다

힘 들여 오르는 산길에
앞선 발자국을 밟아 걷지 말라
비틀거린 흔적에 네가 빠지리라
내게는 나의 길이 있고
네게는 너의 길이 따로 있으니
무심히 따르면서
내 발자국을 깊이 밟지 말라
내 길에 네가 무너질지도 모를 일이거니
험한 산을 오르는 법을
몸이 스스로 알고 있음을 알라
그러므로 앞서간 발자국을 믿지말라
풀도 보고 나무도 보고 바위도 보면서
나와 같은 길을 걷더라도 너는
네 발자국을 찍어서 가라

불륜
—황금능선

눈 밝은 가을 햇살 데리고
능선을 가고 있었네
부드러운 황금물결을 밟아 가고 있었네
수월한 구름 그림자도 뒤를 따랐네
주저앉은 싸리나무 손 흔들어
한 눈 팔면서 가는 써레봉
온전한 마음까지 다 내어 주었을 때
당신께 마음 두지 않았다고
마주한 상봉이 다그쳐 물었네

억새풀과 키 재어 보았니
신갈나무 손목 잡아보았니
족제비 숨이드는 굴을 숨겨 가진
바위에 입술 주었니
새와 눈빛 나눠보았니
바람 발을 걷어보았니 너는
그래 풀과 몸 섞어보았구나

쉿, 쉬—잇

산정에 오르면
—써레봉

날 세운 풀잎이 얼굴을 할퀸다
가시덤불에 옷은 찢겨지고
살갗이 터져 피가 흘렀다 그러다 보면
아득한 상봉도 몰래 정이 들었다
산에 들면 앞서 간 흔적을 찾아
높은 곳으로만 가는 마음이
숨어 든 숨소리를 입에 담았다
산을 타는 이유가 그것뿐일까

신밭골 습한 긴 숲을 벗어나
치밭목으로 고개 들어 간다
노을 꺾어져 사라진 하늘로
노래는 살아 혈관을 타고 흐른다
바위뿐인 산정에서 목이 마르고
그늘도 풀벌레 울음도 없는 곳
햇빛뿐인 함성을 트고 싶어
야성은 홀로 푸른 날을 간다

난해한 길

—하봉

얼굴은 푸석푸석 모래알로 무너졌다
외따로 떨어져 끼니를 걸렀을까
싸늘한 길은 달빛에 젖어 희미해지고
발길질에 채여 가지 꺾인 산죽만
먼지 날리는 길 끝에 앉아
언덕의 가쁜 숨을 숨겨 가졌다

하늘 깊은 허공달골 물소리는
발자국 소리도 받아들이지 못하고
제 노래만 귀에 담았다
누가 쉬운 말로 숲을 풀어놓을까
생각 없이 떠나보낸 돌멩이가
발자국 소리도 없이 혼자 굴렀다

산에서는 누구라도 쉽게
속내를 보이지 않았다 그중 햇살은
나무 그늘 없이 혼자 걸었다

형만한 아우
—중봉

먼 길 돌아와 앉은 나도바람꽃에게
몸 자리 하나 틀어 주고 나면
한밤에 벼낟가리를 나누던 형과 아우가
달빛 속 아니라도 마주하고 웃었다
지친 아우는 몸 기대어 눕지 않았고
말없이 높여주는 아우가 있어 형은
궂은 비 바람서리와 마주 설 수 있었다
어깨너머 선 형을 우러러 오르면
마야곡에 떨어지는 그림자가 아프고
아우는 소리없이 눈에 들어 와
훤칠한 얼굴에 마음 뺏겼다
작은 것이 아름답다 소리질러도
아무도 눈여겨보지 않는 졸방제비꽃
발등 스치고 지나는 향기가
아우의 부푼 가슴을 다독거려 주었다

가슴속 산
—천왕봉

산 끝에 섰을 때
산이 울었다 깊이
언제부터 내 안에 살고 있었는지
광대뼈 불거진 키 큰 얼굴
꿈에서도 수 만 번 올랐던 상봉이
어깨 들썩이며 깊이 울었다

물길은 남, 북으로 갈라져 가고
햇살은 이마 위에 눈이 부신데
오랜 기다림 끝에 터지는 울음이
속 깊어 소리가 나지 않았다

밤이면 숨은 별을 주문처럼 띄우고
낮이면 바람속에 흔들리며 섰다
천왕봉, 천왕봉, 천왕봉… 수 만 번
언제부터 가슴에 살고 있었는지
토해도 나오지 않는 산
우는 뜻에 이를 때까지
산 깊이 들어 산을 울었다

그림 속의 산
—제석봉

산을 살다 온 형이
높게 그려 붙인 그림 속에는
이마 높은 산이 반짝였다
골마다 물이 깊어지고
마루마다 햇살이 맴돌다 갔다

돌아서면 등 뒤에서 우르르 우르르
천둥소리로 일어서고 있는 상봉
쫓겨 가던 형이 되어보지 않고서는
불끈 솟은 근육을 알 수 없었다
골 깊은 그늘을 알 수 없었다

말 못할 일은 어느 곳에 숨겨 놓았는지
형은 끝내 산을 토하지 않았고
끝 모를 어둠을 붙들고 선 고사목이
우뚝 선 그림자로 아직은
그림 속에 남아 소리죽여 울었다

천년 침묵
—제석봉 고사목

마른 몸도 쓸데가 있구나
때 없는 운무 속에 서서 몸을 벗으면
허락 없이도 성자가 되는구나
톱날은 아랫도리를 잘라가고 불은
깊은 상처까지 숨겨 주었다
천년 아우성이 누워있는 여기
가지에 잎은 바스라져 흔적이 없고
초토의 땅에 깊은 잠이 흘렀다

발끝으로 가는 바람도 여위어서
풀밭에 드는 인기척은
숨어도 남는 그림자 그대들인가
그늘만 골라 밟던 사람들이 떠나가고
별빛도 재가 되는 무덤에서
흰 손으로 비명을 보낸다
열반에 든 성자의 모습이 저러할까
밤도 하얗게 잠이 들었다

구름보다 높은 산
—연하봉

산이 많은 이 땅에도
구름보다 더 높은 산이 하나 있었으면 좋겠다
산에 오르는 것이 구름 위에 오르는 것보다
더 환하게
그리고 날개 단 듯 가볍게 산에 올라
발아래 지나는 구름 바라보면
산새도 부럽지 않은 마음을 열게 이 땅에도
산새보다 더 높이 오를 산이 있어
물은 나를 낮추고 산은 너를 높여 주었으면
좋겠다 그 산에 매일 들어
휘파람으로 새를 불렀으면 좋겠다
아니 그것은 구름보다 더 포근한 산이 하나
있어
높이보다 부피가 더 큰 산이 내 마음에도
하나쯤 꼭 있었으면 좋겠다

색에 빠지다
—세석평전

살아 있다고 겁나게 재촉 마라
나는 색에 빠질란다 미치도록
미치도록 한 번 빠져 볼란다
해발 일천육백 미터 외로운 평전도
피 끓는 오월이면 수줍어하느니
철쭉은 차려입은 옷이 난하지만
철쭉 사이사이 숨어 핀
지보풀, 동자꽃, 오이풀, 곰취, 좁쌀풀…
능선은 벌써 농염한 잔치판이다

여기일까 저기일까 낯바닥 기웃거리며
그대 빠진 색을 탐해 보지만
흉내는 철쭉 근처에도 닿지 못하고
눈 밖에서 눈꺼풀을 닫는다 그대
아낌없는 붉은 기운에 눈을 다치리라
가고 싶으면 너나 떠나지
몸 오싹해지는 색의 빛태에 눈 멀어
한 숨 붙이고 가면 어디가 덧나냐
살아 있다고 되게, 되게도 깝치지 마라

눈물길
—남부능선

큰 짐승 무서운 줄 모르고
음양수에 올라 자식을 빌던 여인이
원을 품고 삼신봉으로 가며가며 흘린
피눈물이 길을 내었다
세석에서도 먼 먼 하루길이다
청학동에는 언제 가닿을까

아들 딸 점지해 달라는 간절한 염원에
십리 산죽 길이 가슴을 찌르고
가도 가도 끝나지 않는 그늘은
두 손 모우고 가는 형극의 길
삼신봉 위에 뜬 해도
운무 속에 숨어 몸을 내지 않았다

푸른 밤
—벽소령

산장에다 하루치의 배낭을 풀었다
땀 젖은 옷을 꺼내 널고
때 묻은 장비를 씻어 말렸다
굴곡진 먼 길에 물집 터진 발가락도
고스란히 옷을 벗고 싶어했다
마음 내려놓고 싶은 곳에 닿아서도
산이 나쁜 사람들은 그냥 지나쳐갔다

바람 넘어가는 길이 편한 벽소령에
몸 누일 작은 빈터가 있어서 따뜻하고
한없이 터진 화개골 시야 밖에서
떠나온 길과 떠나갈 길도 없이
비록 짐 못 이룰지라도 오늘 밤은
늙은 산과 오랜 강의 묵은 사랑
속 타는 목마름 하나를
차가운 달빛아래 얻어 볼 셈이다

차가운 달
—벽소령

별을 삼킨 달이 홀로 만삭이다
어둔 하늘에 멀건 낯바닥 걸어두고
꿈틀대는 능파의 수작을 본다
얼마나 외로웠을까 청상의 산녀는
뱁실령 베고 누워 발을 뻗으니
광활한 우주도 몸을 맡겨 수줍고
몸매 드러낸 남부능이 몸을 꼬아
대성골 지친 허공이 침상을 낮춘다

그대 결코 잠들지 못하리라 누운 자리
등뼈 결리는 돌을 뽑아 마음에 쌓으니
칠선봉 일곱 봉우리가 구름 위에 뜨고
지나는 차가운 바람도 기가 세다
시린 이 드러낸 얼굴 푸르러 푸르러
섬진강 모래벌 가는 달빛은
마음에다 서늘한 발자국을 찍어
못 다한 말씀을 걸어갔다

엎드린 산
—반야봉

산의 엉덩이가 참 귀엽다
토실토실한 젖먹이 속살로
겨울 햇살 아래를 기어가고 있는
엎드린 산의 알몸이 부드럽다
빼곡히 서 있는 잎을 버린 나무들도
맨살을 덮은 솜털이 되어
쓰다듬고 싶은 욕정을 부른다

실낱같은 한 점 바람이 되어
겨울 산을 흘러가노라면
엎드린 산의 허리께에 엎드려서
잠들고 싶은 것을 어쩔 것이냐
날 부르는 겨울 빈야는
뒷일 단단하게 책임져 줄 거냐
네게 엎드려서 별로 뜨느니

붉은 묘비명
—반야낙조

먼 그리움으로 앉은 석종대
남은 힘을 마저 쏟는 임종 무렵이다
고요한 숨결은 오히려 찬란하고
몰래 잦아드는 어둠은
대오 각성한 거인의 뒷모습
후회도 없이 뚜벅뚜벅 가고 있다
사라지는 저 영혼을 잡을 수는 없을까

환생할 내일을 향하여 성큼
성큼 암흑 속으로 몸을 옮기는 행보는
갈 길이 남은 자를 더욱 외롭게 할 뿐
얻은 것도 잃은 것도 없는 땅 끝에서
지상에 남긴 비명碑銘은
피로 쓴 거룩한 유서
소멸은 언제나 황홀한 절정이다

언덕 위의 잠
—임걸령

불러도 누구도 답하지 않는 풀숲으로
힘겹게 가는 구상나무의 뒷모습이 아프다
지나온 길을 돌아 볼 빈터도 없이 그대는
하산하는 물과 결별한다
바람소리, 새소리를 귓전으로 흘리며
언덕을 올라 거친 숨 몰아쉬는 그대
걸어 온 길 위에서 얼마나 힘들었는가
채이던 돌부리와 발을 적시던 물웅덩이
뚜렷한 기억으로 간직했지만
지금 걷는 이 길에 무슨 소용이랴
아무도 없는 틈에 팔베개를 하고
그대는 쳐다 볼 것 없이 하늘에 누웠다
구름도 가고 햇빛도 가고 바람도 갔다
곁에 남은 것은 어둠뿐인데도
지상으로 몸을 내리기가 싫다

억새 앞에서
—돼지령

무슨 애달픔으로 저리 키가 컸을까
한 자나 더 큰 억새 앞에 서서
눈 맞춰 봐도 마음 모자라
차라리 몸을 가볍게 한다
얼마를 더 가벼워져야
바람 끝에 닿을 수 있을 것인지

날아갈 수 있는 곳으로
내 푸른 몸을 가져가기 위해
마르고 말라 박제가 되어도
가슴에 맺힌 매듭을 풀지 않고서는
왕시루봉 흘러가는 마음 잡을 수 없어
문 앞에서 마른 손만 비벼댔다

야생화

—노고단

나무 그늘 아래 아무렇게나 내던져져
지나가는 스틱에 얻어맞아 허리 꺾여도
그럴 듯한 화분에 옮겨 심겨지면
빛나는 눈길도 오래 머물 것이다
외면당해 쓰리고 아픈 속도
얼굴 마주하면 씻은 듯이 나아서
환한 웃음으로 그대 안에 들어
흥얼거리는 콧노래가 될 것이다

산길 가다 지쳐 들른 구름정원에서
원추리 요염한 미소에 푹 빠지면
그것도 불륜이 될까
눈부시지 않아도 내 눈에 들었다
눈만 아니라 마음까지 뺏어가
넋을 빼고 널 바라보다
노을이 진 것도 잊었다
네 곁에서 잠들고 싶은 밤이다

눈길에 앉아
—묘봉치

먼 데 두고 보면 더 절실한 걸
만복대 가는 길을 따라 능선으로
그리운 고리, 세걸, 바래, 덕두…
생각만으로도 지금은 온 몸에 전율인 걸
신설은 다져 봐도 자국이 안 나고
발끝만 보고 가는 눈길에는
먹구름 속에서 살얼음이 울었다

허리까지 차오르는 눈은 접근을 막고
아직도 눈 맞추지 못한 만복대가
햇빛 속에 이마를 드러내어 내게는
이르진 못해도 추락은 아니다
훗날이 남아 다시 올 줄 알았던지
움츠린 철쭉 가지에도 눈꽃이 피어
돌아서는 발자국을 환하게 했다

지독한 병
—만복대

반야봉이 거꾸로 보이는 것은
내가 물구나무 서 있기 때문은 아니다
숲이 짙어 잎잎이 보이지 않는 것은
눈이 난시이기 때문은 아니다
물이 무거워 아래로 가는 것은
대신 가벼워지고 있기 때문은 아니다

산이 나를 아프게 한다
때도 없이 갈증을 부르는 산이
삭신에 숨어 들어
뽑히지 않는 신경통
어찌 할거나
이 불치병을

새가 드는 숲에 내가 들고
물이 떠나는 골짜기에 내가 들고
잎잎이 불타는 마루에 내가 들고
뼈만 남은 나무 해박한 바람소리 속으로
목 말라 내가 드는 것은
내 안에 산이 솟아오르기 때문만은 아니다

낯선 산을 가며
—세걸산

한 번도 가 본 적이 없는 산에 들었다
의도적으로 그랬을까
젊은 수풀로 가로막힌 낯설고 어두워 보이는
그 산은
그러나 거기에도 용담꽃은 피어 있었고
숲이 쉬고 싶은 그늘을 만들어 주는 것은 마
찬가지였다
어찌하여 내가 여기에 서 있게 되었을까
생각하면 뜨거움이 머리끝에 닿아
두근거리는 가슴이 현기증을 불렀다

햇살은 고리봉을 쉽게 넘어가고
앞서 가고 있는 사람을 만날 수 있었다
언제쯤 뒤따를 누군가를 기다려보는 희망도
있어
바래봉 가는 길은 외롭지 않다
한 번도 가본 적이 없는 그 산에다
그리운 나를 누가 다시 갖다 놓을까

하늘정원
—바래봉

봄 산에는 작고 예쁜 꽃을 단 나무가 살았다
바람 불 때마다 더
멋진 춤으로 하늘을 호흡했다

하늘에는 작지만 찬란한 빛을 내는 별이 살았다
어둠이 깊어갈수록 더
따뜻한 눈으로 지상을 바라보았다

구름 걷힌 어느 날 밤
나무와 별은 서로를 발견하여 내내 눈 맞추더니
낮이면 그리움에 몸을 열었다

어느 번 뒷날
밤하늘 깊은 곳에 키 작은 나무 꽃이 흔들리고
봄 산에는 눈 큰 별들이 환하게 웃었다

종주 끝머리
—로타리 산장

나는 너무 많은 짐을 졌다
노고단을 떠난 몸이 천근 무게로 산을 압박했다
이박 삼일을 보낼 충분조건에는 미치지 못하
지만 쌀, 라면, 통조림, 양파, 감자, 마늘, 풋
고추, 된장에다 코펠, 바나, 침낭, 랜튼, 수
통, 여분 옷… 그렇게 생존 조건을 채우다보니
배낭은 늘 용량이 부족했고
어깨와 무릎은 혹사당하기 일쑤였다

쇄골과 갈비뼈 또는 갈비뼈와 갈비뼈 사이를
허벅지와 무릎, 종아리와 발목, 발바닥
발가락이 짓눌려져 걸음을 떼는 일도 힘겹다
그러나 목적지에 다다를 때까지는
목마르고 허기져도 견뎌야 했고
어두운 밤 별빛으로 길을 가야 했다

이젠 지나 온 길이 그리워진다
발끝을 가로막던 못생긴 돌부리도 그립고
살갗 긁히던 삭정이도 새 느낌으로 온다
수없이 갈라져 숲으로 숨어가던 길들도
내 걸어온 길을 빛나게 했다

능선 위에서 해바라기 했던 햇살과
계곡에서 불어오던 시원한 바람도
지쳐 앉은 내 몸을 가볍게 해 주었고
숱하게 만났던 험한 벼랑 앞에서도
탁 트인 조망에 용기를 얻었다

마주 치던 사람들의 밝은 미소와
지나쳐 온 사람들의 단단한 발자국 소리가
벼랑 끝 길의 철책이 되어 주었다
이쯤에서 길이 다하지 않았다면 주저앉고 말았을 거다
돌아보면 참 많이도 걸어 왔다싶지만
내리막길 앞에서는
무릎이 먼저 진저리를 쳤다

허공을 딛고 가는 아픔이 앞서고
허리 통증은 가파른 내리막길에 오금을 박는다
삶의 먼 길 끝에 앉은 느낌처럼
아쉽기도 하고 서글퍼지기도 했지만
포기할 수 없는 나의 길
하산은 아직 끝나지 않았다

제 2 부
남녘에 들다

속세를 묻다

—斷俗寺趾

끊으면 이어지고 이으면 끊어지는 속세
인연의 알 수 없는 끝마디는
아침에 피었다 저녁이면 지는
대꽃에 맺힌 이슬 같은 것인가
잡풀더미 속에 누운 몇 개 주춧돌과
터를 놓지 않고 붙들고 선 매화나무여
댓바람 소리는 그대들 아우성인가
마주 선 탑은 갈 길이 막막하다

햇빛, 바람, 물소리로 가득 찬 골에서
끊으려는 속세는 끊어지지 않고
흰 빨래가 눈부신 민가 몇 채
소문도 없이 법당 터에 들어앉았다
매서운 불길이 남긴 빈터에서
늙은 탑이 알 수 없는 문자에 갇혀 있을 때
한 발자국도 화두에 들여놓지 못해
대숲 어지러운 소리에 속세를 물었다

파초

—대원사

파초도 물이 들면 단풍이 들까
출렁이던 여름 발걸음이 물러가고
유평골은 떨어지는 것들로 메워졌다
여울에 떠내려가는 잎 붉은 마음은
물들고 떨어지고 떠내려가고
주야를 가리지 않을 때
써레봉에 걸린 낙조가 하늘을 물들이더니
왕등재 오르던 나무들 밝은 얼굴을 거두어 갔다
저녁 예불 끝내고 법당 문을 나서는
앳된 여승이 눈에 담는 연보라빛 어스름
마음에도 담을 수 있을런지
절 마당가 푸른 잎이 겨울을 났다

산을 먹었다
―윗새재

부르지 않아도 산에 간다
산 그리운 알러지가 심장에 도져
가려움 참아내지 못하고 배낭을 꾸렸다
내가 부르는 산이 내 안에 들어
살갗위로 푸른 몸을 드러내고 싶어 할 때
팔뚝을 긁어 구상나무 하나를 솟구친다
가슴을 열어 독바위 하나를 들어낸다

오르고 싶음을 간직한 쑥밭재
줄기를 뻗어 세상으로 가는 왕등재로
산빛은 마음을 끌고 멋대로 흐르고
새재에 든 내 가슴 속 산은
퍼내어도 마를 줄 모르는 갈증으로
산은 홀로 커서 나를 불러들이고
토할 것이 많은 나는 산을 먹었다

산수유꽃

—신밭골

어젯밤 늦도록 떨어진
노란 별빛을 두 손으로 받아내어
나뭇가지에 걸어 두었네
누군가의 그리움이 사무쳐서일까
가지마다 밤새 번져 영롱하게
온 산허리가 지천으로 불이 났네

산수유
봄을 쏘아 올리는
그리운 불꽃놀이

그늘에 들어
—조개골

나는 그늘이 싫다
몸을 감고 칙칙하게 드는 습한 기운에
살갗은 물러져 상처 나기 쉽고
여린 속잎이 바람에 찢기기 쉽다
그늘만 밟고 가는 산길이 지긋지긋하다
후박나무 그늘에서 신갈나무 숲 그늘로
다시 물푸레나무에 이어지는
수 십년 넘게 밟았던 그늘의 두께가
얼굴에 짙게 깔린다

그늘이 싫어 그늘이 싫어
써레봉 다와 가는 치밭목에 올라
두 팔 들고 울부짖으며
햇빛 드는 비둘기봉을 눈에 넣었다
푸른 산빛으로 흩어지는 날개

목 타는 사랑
—조개골 산죽

땀내 좋아하는 바람을 뚫고
몸에 밴 산이 무르익어 암내 피울 때
그때서야 조개골을 만났다
이 땅 낮은 곳으로 흐르던 이데올로기가
어둡고 깊은 골을 만들었으므로
목숨 줄을 찾기 위해
힘이 다할 때까지 흔들었던 깃발
찢겨져 오르던 산길도 쫓겨
숨은 이들 그림자만 무리 지어 가는 길
조릿대 잎사귀에 피가 묻었다
잎과 잎을 비비면서 잠시도
즐거워한 적이 없는 산죽을 넘어
휘날릴 깃발도 없이 땀에 젖었다
빠질수록 더 깊이 젖는 사랑은
늙은 산죽 밭에서 목이 탔다

망초꽃
—쇠점터

장단골에 꽃이 피었다
맨 처음 누가 찾아 들었을까
몇 번이나 물을 건너며 쉽게
마음 둘 곳을 정하지 못했으리

긴 물길 따라 들어 올 봄을 위해
밭을 만들어 논을 갈고
한 여인의 사랑을 얻어 키가 컸다
맨 처음 집을 꾸린 이는 누구였을까

칼 꺾어 호미 만들고
창 구부려 괭이로 쓰고
불 지펴 보습을 구워 내더니 끝내
아지랑이 피는 봄 길을 낸 그는

노란 망초꽃
한바탕 춤이 되는

숨은 산
—장단골

노란 망초꽃 떼 지어 피어
산으로 드는 길을 밝혀 주었다
마음까지 비쳐주는 물을 누가 밀어내는지
산모롱이를 돌아가면 또 다시
큰 산 뒤에 숨어 낮게 희롱하는 산
눈을 맞출 수가 없다

여기서 불쑥 저기서 내미는 얼굴들
한마디 변명도 없이 골짜기를 만들고
산 뒤에 숨어버린 그래서
큰 산이 데리고 가는 작은 산도
가만히 엎드려 있는 둥 마는 둥
발 젖은 먼 길을 더 멀게 하였다

속 타는 사랑
—무제치기 폭포

얼마나 급했을까
치밭목에 다 와 가는 은밀한 숲속
계곡에 숨어 든 남녀가
알몸 위에 알몸을 포개어 얹고
하늘 물을 기다리다
속이 타서 살까지 까매졌다

얼마나 오랜 동안 저러고 있었을까
장막도 치지 않고 나누는
급한 불륜
낯 뜨거워 차마 볼 수가 없네

몸 쓰다듬고 흘러내릴 물길이여
부끄러운 속내는 들켜도 상관없지만
사랑에 목마른 두 몸뚱어리는
한 번 쯤 가려줄 일은 아닌가봐
장막 쳐 줄 일도 아닌가봐
하늘에 흐르는 빛이 민망스럽다

얼어붙은 흔적
—순두류

돌아가야 하는 법계사는 멀다
포장길 딛고선 발목이 시큼거려 올 때마다
산으로 가는 배낭이 무거워졌다
애써 찍은 발자국은 흰 눈으로 덮이고
산으로 떠날 수밖에 없는 발이
두류동에 암각된 비명을 따라간다

아이야— 아

상봉 내려선 문창대 앞에 두고
그늘 깊은 눈만 밟아 가던 아이젠이
비명을 지를 때마다
걸머진 배낭이 기우뚱하면서
홀로 앞서 간 흔적이 아려온다
겨울산 초입은 아프기만 할까

산에 빠지다
—마야곡

그대가 보내는 텔레파시가 나를 잡는다
눈 뜨는 아침이 되어도
눈 감는 밤이 돌아와도
그대 생각에 빠져 있는 것은
내게 보내는 그대 은밀한 생각 때문
그대가 강요한 적은 한 번도 없었다
먼 거리를 넘어 보내오는 파도는
보이지 않아도 힘이 세어서
나를 끌어가는 만큼보다 더
나는 그대 생각에 빠져 흔들린다

풀들보다 더 흔들리고
나무보다 더 깊이 뿌리내리고
돌들보다 더 무겁게 가라 앉는
상사의 깊은 늪
헤쳐 나오지 못한다
그대 보내는 텔레파시에 눈멀어
맹목적인 사랑에 빠진다해도
오직 더 깊이 빠져들고 싶을 뿐
그대 곁을 떠나는 일에 몸서리친다
이 세상 눈 붙어 있는 동안

노랑 제비꽃
—안내원동

제비꽃 한 송이가 흔들렸다
누군가가 물을 흔든 것이다
바람이 자고 있는 안내원동
햇빛이 물을 깨웠다 바람대신
낮은 풀꽃들이 햇빛을 키웠다
가서 보아라 제비꽃 한 송이

지팡이를 내던진 할머니가
동네 어귀에 앉아 해바라기 한다
햇빛이 할머니를 거두었다
잘난 멋도 없이 제비꽃 수줍어
숨어가던 할머니 새 색씨적 투정이
어디로 가고 말았는지
가서 보아라 제비꽃 한 송이

비탈에 선 산수유
—도장골

해가 들지 않는 동토에서
비탈길에 미끄러지지 않으려는 듯
낙엽더미에 발목을 깊이 박고
이웃의 손을 간신히 붙들어 선
꽃 떨군 산수유가 비에 젖었다

가파른 오르막에서 몇 십 년을
겨울 험로에 씨앗 뿌렸지만
살아남은 자식들의 궁핍한 거처가
마음에 상처를 남겼는지
가슴에는 깊은 구멍이 패였다

그러나 젖은 얼굴로 울지 않는다
떨구어진 그 자리에 서서 평생
물소리 바람소리에 귀를 씻으며
비탈을 견뎌낸 이순이
흙으로 가는 길을 열었다

깊은 관계
—거림

북창으로 산이 와서 몸을 누른다

산 하나 갖고 싶은 나는
산과 관계를 맺는다

누워 있는
새소리, 바람소리, 물 흐르는 소리가
몸 안에 오르가즘을 전할 때 나는
심장 박동을 높여
산을 깊이 받아들인다

누가 와서 북창을 봉할 때까지

그리운 별
—거림동

길 끝에 앉은 묵정밭에 천막을 쳤다
계곡 물소리는 천둥처럼 서서 곁을 지나
청정한 속살이 강에 닿는다
아아, 하룻밤 풋사랑
남몰래 삼키고 싶은 밤이다

산을 감춘 어둠이 몸을 덮치고
먼 길 온 삭신이 쑤셔 잠은 내리지 않는다
칠흑 하늘에 별들은 누가 그리운지
잠 못 들어 하는 내 곁을 떠나지 않고
잃은 길 헤쳐 온 눈의 충혈을 빼갔다

잠을 빼앗긴 새벽이 오히려 황홀하다
떨칠 수 없는 오르가즘
골 깊은 물에 늦은 아침이 오자
갈 길은 천막 앞에 쪼그려 앉아
별빛이 일러주는 산을 그렸다

조난 속에서

—자빠진골

평생 한번 만날 수 있을지 모르는 돌들이
먼저 자빠져 누워 있는 곳
내리막은 누워서 가기 편한지
숨은 마음 쉬이 들켜 엉덩방아 찧고
이끼 낀 바위를 밟지 않고서는
조난으로 가는 길을 피할 수가 없다
해 지자 얼음 덮인 돌이 살아나고
햇살 아래 앉아 있던 바위도
함께 가겠다고 흰 등을 솟구친다
돌들도 오랜 세월 마을로 가는갑다
발밑에 밟히면서도 묵묵히
밤낮없이 자빠지며 구울르며
누워서라도 바깥세상으로 가는갑다
밤 깊어 흐르던 물도 갇히고
낡은 길표깃도 눈 밖으로 나갔다
골짜기 밤은 먹물 속을 가는 거다
눈은 어둠에 익숙해지지 않고
인대 늘어나 무릎 굴절이 힘들 때
고로쇠 미운 호스가 길이 되어 주었다

그믐밤을 넘다
—묵계치

내대에서 묵계로 넘는 고개 마루
억새 덮인 낙남정맥에 누워 하늘을 본다
구름은 삼신봉에서 흘러내리는 눈사태 같고
칠흑의 그믐 밤
횃불 밝히고 넘었을 발소리 들린다
간간이 뿌리는 빗방울이 길을 재촉하지만
오로지 살아남기 위해
이제는 어디로 흘러야할 것인지를 안다
그믐 밤 하늘이 흘린 눈물처럼
비에 쫓긴 방울이슬이
숨은 길을 찾아내 먼저 떠난 뒤
차고 날카로운 이슬이 발목을 적신다

누건수涙巾水
—청학동

삼신봉 아래 보따리를 푼 풍수는
더 갈 곳이 없어 돌아 섰다
묵은 슬픔이 많은 이 땅에
해우소에 쪼그려 앉은 근심은
하늘에 풍덩풍덩 잘도 빠지더라

바람도 닿지 않는 막대어제당에는
아버지가 흘린 눈물, 아들딸이 흘린 눈물
손자 손녀가 흘린 눈물, 닦은 수건에 다시
시어머니 눈물, 며느리 눈물
세상을 적시는 눈물 모두 받아서
그 수건을 짜서 나눠 마시느니

삼신봉 쇠통바위가 열릴 때까지
머리 땋고 상투 틀고 사는 도인촌에
드는 사람도 도인 같지만
한 수건에 눈물 모으는 사람들이
장독대 햇살처럼 눌러 살았다

마가목
—목통골

백 년 만에 목통골에 큰물이 졌다
낮은 집들이 떠내려간 뒤
언덕 위 마가목은 말을 잃었다
떠내려 간 넋들이 구름 되어 흐르고
가지에 감긴 검은 비닐이 바람에 살아났다
그들 틈으로 가지를 뻗힐 수 없어
전기톱 소리가 숲 속 하늘을 넓혀가던 때
마가목은 간직해 온 터를 버렸다 쉽게
물 든 나뭇잎으로 소문도 없이 지고 있는 내가
젖은 옷을 함께 벗었다
숲을 흐르고 있는 안개가 나의 넋인가
손 시려운 마가목의 이름인가 이 땅에서
소용이 닿지 않은 삭정이를 모아 태우는 연기가
흐려진 말문을 남기고
달마가 온 쪽으로 돌아갔다

봄 편지
—화개동

강가 오래된 벚나무 숲에는
도깨비불이 새벽까지 흘러 다녔다
은밀한 밤 불꽃놀이
잠 든 유년의 강을 건너다녔다
물에 뜬 황홀한 밤에 잠들지 못하고
애달픈 벚꽃 잎이 달빛아래 질 때
낯선 이가 보낸 편지를
어깨가 반쯤 잠긴 나룻배가 받아들었다
어디로 띄워 보낸 것인지
벚나무 검은 숲에 배달되는 편지는
봄 낮은 하늘에 흩어져 나를 불렀다
색 바랜 이름이 가 닿을 수 없는 유혹
끝내 수신인이 없다

눈 속에 핀 꽃
—쌍계사

눈 속에 핀 꽃을 찾아서
쌍계 석문 지나 오름 길이 멀다
두 골이 만나 터를 열어
오래 전에 절집을 지었다
팔영루 마당 가운데 금간 탑비는
보철로 몸을 의지한 채 간신히 서있고
대적광전 높은 날개는
어디로 날아가려는지 맘껏 펼쳤는데
어디 가서 더한 선처를 얻을 수 있을까
뒤켠에 선 백학, 청학 두 봉우리가
이곳이 어디인가를 물었다 그때
높은 금당이 열렸다 문 안
눈 속에 핀 붉은 칡꽃

봄 산에 가서
—불일평전

산벚나무 그늘에서 방귀를 뀌었다
명상에 든 산뽕나무가 고개를 돌리고 바람을 일으킨다
산수유는 스스로 제 가지를 툭 치며 투정 부린다
노각나무 머리 위로
햇살이 밝은 옷자락을 끌고 천천히 지나갔다

아이야—아
방귀소리가 메아리를 낳는 봄
졸음에 겨운 고욤나무가 허리를 편다

천년의 불

—칠불사

득도한 칠불의 어머니는
영지에 비친 아들만 보고 갔다
산문의 도는 매정한 것이다
신갈나무가 산길을 막았다

두텁게 얼음 덮인 영지는
색 있는 낙엽으로 다시 덮이고
동자승 염불에는 공부가 모자라서
하산하는 물소리에 허공만 담았다

아자방 문을 열면
천년 전 불이 법문을 전하여
방 안에 앉아 있는 늙은 바람이
스르르 방문을 닫았다

숨을 멈추고
—대성교에서

그대 앞에 다시 서니 훅
그리던 단내가 가슴에 와 닿았다
몸이 벅차 숨이 멎고 잠시
회색 풍경이 눈 속에서 지워졌다
숨은 이명인들 귀 속 남아 있을까
목에 걸린 가래도 삭아 내렸다
그리고 가슴이 다시 숨을 쉬었다

대성골을 향하여 신발 끈을 조이고
발가락을 꼼지락거려 본다
일찍부터 내리던 여우비는 산빛에 주눅 들어
소리도 못 내고 산을 내려갈 때
젖은 길이 먼저 숨 차 올랐다
얼마를 더 가야 그대 뜻에 이를지
뒤는 돌아보지 말 일이다

후박나무에 바람이 분다
—대성동

지리산에 간혹 신명 나는 일이 없다면
어찌 살아가리 대성동 후박나무는
바람이 지나가자 기다렸다는 듯
여린 맥박을 춤으로 풀었다
가지 끝 잎 잎도 몸을 가누지 못하고
앞뒤 상하 좌우 멋대로 흔들어댔다
닥치는 대로 사는 후박나무도 기쁠 때가 있구나
바람소리를 몸으로 풀어
뿌리를 즐겁게 할 때가 있구나
후박나무 흔들릴 때 함께 흔들리는 산이 있고
물이 있어 함께 출렁이다가
그것이 흥겨운 바람은 더욱 신이 났을 거다
세게 더 세게 살아나는 바람은
그래서 산에서는 몸을 부풀리기만 하는구나
후박나무는 마른 눈물 퍼내고 퍼내
뿌리에 남은 슬픔 지우기만 하는구나

낮달
—빗점골

한번 가서는 그대 푸른 돌이 되었다
초여름 삼베 적삼 바람으로
철환 짐을 지고 지리산에 들었다가
가을이 오고 겨울 지나도
다시는 못 돌아오는 산새가 되었다

농사 외에는 아는 것이 없던 형구애비
총검술 익혀서 누굴 찌를 셈인지
밤마다 신갈나무 허리통 찔러대더니
풀잎 하나 베지 못하고 돌아갔다
뱁실령 지나는 비바람에 백골을 씻어
대낮 하늘에 걸려있는 뜻은
잃어버린 세월을 기자함일까

산죽 잎에 부는 바람은 날카롭고
오십 년이 지난 뒤에도 거두는 사람이 없어
낮이면 비트에 몸 웅크리고 숨었다가
밤 되면 산죽 헤치며 도주해 갔다
푸르륵 푸르륵 꺾인 날개를 치며
아직도 빗점골에 숨어사는 불여귀
애절한 울음에는 누가 답할까

산을 사랑하다 너를 사랑한다

—선유동

바람 속에서 하늘거리는 산목련 꽃에
상큼한 눈빛을 얹는 너를 대할 때마다
나는 산목련이 되고 싶었다 어찌
너와 만나게 되었을까 생각하면서
한없는 눈의 온기에 젖어
네가 내 곁에 없는 이유를 만들지 못한다

잎 잎에 반짝이는 햇살 속에서
언제나 톡톡 튀는 마음으로 나를 끄는
너를 볼 때마다 나는 바람이 되었다
어쩌면 너와 만나게 되었을까
끝없는 네 눈빛 감사에 빠져
내가 네 곁에 없는 이유를 누가 말할까

내세의 사랑
—연곡사 동부도

누가 알았으리
돌 안에 숨겼던 사랑이 아니라면
어찌 현세에 이토록 빛어낼 수 있었으리
간절한 사랑을 물려 낼 수 없어
마음속 연인을 고스란히
탑으로 깎아 이승에다 세운 마음
그것은 돌이 아니라 비단이다

쓰다듬을수록 피가 통하고
볼수록 눈이 맞아
못 쓰겠네 그 사랑 따라 가다가는
절절한 사연에 마음이 저려
영 못 쓰겠네 사랑을 죽이고
침묵하고 있으니 그 울음을
골, 골에다 풀어 넣어
그대, 이승 밖에서 다시 만나도

내 마음의 길
—불무장등

양도의 경계를 넘나들며
삼도의 접점으로 가는 길은
마음 수월한 불무장등
목마른 날나리봉엘 간다

오르막길에 토하는 가쁜 숨에는
하동 청암 된장 냄새가 나기도 하고
구례 토지 짠지내가 나기도 한다
어깨를 걸고 서있는 철쭉 사이
단풍나무 그늘이 너무 깊어서
춤 사위에 든 햇살이 눈부시다

붉게 타는 내 가슴에도 햇살이 들면
하늘은 푸르디푸른 배경으로
통꼭봉 슬픔을 지우기도 하는 길
살모사 푸른 등에 누워 일광욕한다

젊은 물소리
—피아골

하산을 가로막는 것들이 그리도 많은지
바위를 만나면 비켜 가고
때로는 나무뿌리에 부딪혀 부서지지만
돌아간다 한들 어디 본류를 벗어날까
부서진다 한들 몸이야 사라질까

틈을 만나면 스며들던 마흔의 물도
부서지며 홀로 뒤틀린다
상처를 다독여 별빛이 깊어지는 밤
벽수 넘고 부서지는 젊은 물소리
떠나지 못한 푸른 넋이 골을 맴돈다

골짜기에 돌아와 누운 낙엽들
백골을 덮어주는 가슴이 된다
먼저 진 환생을 꿈꿀 수 있을까
끝없이 흘러 바다에 가 닿는다면
서러움에 흘린 눈물 출렁이리라

철없는 누이
—왕시루봉

강 건너 백운산엘 갔다 누이는
다소곳 눈 흘기던 열아홉 살
수줍던 치마에 불이 붙었다
노 할멈 가슴에 누가 지른 불인지
노고단 옷고름에도 붉은 바람이 들어
손톱에는 자주빛 꽃이 피었다

가슴 뛰던 동네 총각 떨쳐 두고
문수골, 피아골 밤 마실 다니더니
강 건너 그리움마저 불 지른 누이
짧은 다홍치마에 샛바람 불어
억새꽃 날리는 벌건 대낮에도
연분홍 엉덩판 부끄럼 없이 깠다

화엄의 칼
—화엄사

아미 숙여 청동빛 돌계단을 오르면
천년 고찰에는 스님도 없고
각황전도 어디로 흘러가 버렸는지
불 꺼진 연화문 석등만 남아
풍경소리를 채곡채곡
산자락에 풀어 넣고 있었다

떠내려가는 물도 물이지만
다 늙어 허리통 굵은 소사나무만
법문 들으러 오르는 언덕길에서
죽은 이끼로 맺혀있는 세월은
팔만구천 리로 미끄러져 내려
칼로 속세를 절단 내느니

사람들은 왜 절 집만 보고 갈까
염불소리만 귀담아 듣고 갈까
산과 절이 어우러져 앉은 모양새에서
서로 나누는 눈인사는 모른다 해도
함께 나누는 귀엣말쯤
마음속에서 찾아 볼 일 아닌가

제 3 부
북녘에 들다

푸른 장승

—벽송사

등짐 이승에 벗어놓고 산문에 들어
운무 속에 아득한 벽송사에 눌러 살았다
바람은 산죽 사이로 여름을 나고
석빙고는 아직도 겨울이다
선사가 버린 주장자가 잎을 틔웠는지 뒷곁
큰솔은 볼수록 하늘을 닮았다

하봉 능선만 바라보아도 도를 얻는다는데
스님들은 다 낮잠에 들고 참매미만
빈 누각에서 구걸하듯 도를 구한다
풍상에 얼굴 상한 나는
어디에서 무엇을 구할까
궂은 날씨 아니라도 눈 부라리며 섰다

산사에 내린 눈
—벽송사

시간이 오래 머문 산사에
눈은 산문을 닫아걸었다
길이 막히면 사나흘 쉬어 가야지
지나 온 길 옆 뼈골만 남은 가시덤불과
억새, 쇠비름, 강아지풀까지 눈에 덮여
소리하지 않는 순례자가 되었다

팔 부러진 병사와 다리 꺾인 병사가
스스로 몸 옮겨 와
약 없는 치료로 고통을 끊지 못하고
지고 있는 짐 벗어 놓은 채 숨을 거두었던
그때 야전군병원 풀숲 침상에는
아직도 날개 다친 새가 날아들었다

다시 일어서서 출렁거릴 봄은
뿌리에 남은 바람을 살려내지만
물의 바람, 불의 바람
바람에 불려 갈 뻔한 일 두고
눈은 감감 녹지 않아
하봉에 얹힌 해를 손짓해 불렀다

차가운 비
—추성동

겨울과 봄의 건널목에서 산에 들었다
기대했던 눈은 내리지 않고
추성동엔 찬비가 추적추적 내려
틈입자의 마음을 무겁게 한다

타는 입이 있었다
타는 발바닥이 있었다
타는 가슴이 있었다

비 한 방울은 떨어진 나뭇잎을 적시고
한 방울은 이끼 낀 바위를 적시고
또 한 방울은 쌓였던 눈을 적시고
나머지 한 방울은 내 발을 적시고

마지막, 차가운 비 한 방울이
산에 남은 피눈물을 마저 씻었다

산죽비트
—국골

큰 산에서도 길이 좁아
옮기는 걸음마다 산죽 잎을 건드렸다
잎 끝에 모여 있던 물방울이
옷을 적시고 다시 장딴지를, 그리고
먼 길 가는 발바닥을 적셨다
산죽은 왜, 길에까지 나앉았을까 아직
끊어진 루트에도 봄빛이 새 나왔다
잎 잎마다 피 흘리며 지나간 발자국
절룩거리는 소리를 기억해 내곤
바람이 달래주는 눈물이 남아서일까
산죽 잎이 떨구는 눈물에 젖은 몸이
국골 깊은 슬픔을 나설 때
느릿한 운무가 산을 가리고 누워
더 젖을 것이 없는 몸에 이른다
다시는 눈물에 들어 젖지 말라

생명 루트
—초암능

산죽은 자랑처럼 길을 숨기고
안개는 길 없는 산을 혼자 넘었다
불빛 작은 흔들림에도 바람처럼
산죽 비트에 몸 숨겼다가
희미해진 루트를 타는 그림자
인적 없는 대낮에도 몸을 숨겼다
작은 바람에도 흔들리는 산죽은
쫓기는 이에게 얼마나 든든한 기둥이었든가
두 번 다시는 산에 들지 말라
안개가 슬슬 가져가는 두지동
몸 구부러진 늙은 산죽은
지워진 길 끝에 앉아서도
몸 숨기는 버릇을 버리지 못했다

나의 애인
—칠선골

나의 애인은 산에 있다
생각만으로도 가슴 두근거리게 하는 입술과
깊이를 알 수 없는 푸른 눈
산그늘에 숨어 보이지 않는다
나무 뒤에도 바위틈에도 풀잎 위에도
산정에도 깊은 계곡에도 없다 그러나
수시로 나를 산에 들게 하는 애인은
심술궂다 중앙동 뒷길을 갈 때도
문득문득 생각나게 하는 심술을 부린다
일에 쫓겨 산 생각에 떠나 있을 때
자작나무 부드러운 옷자락을 보내어
내 몸 묵은 껍질을 죄다 벗겨가고
대신 채우는 칠선녀 투정
젖은 그대 푸른 목소리

서늘한 사랑
—칠선폭포

그대 손 담그고 간 폭포에서
찬 서리 기운이 배어 나와
내 발목을 감고 소름 끼치게 한다
나뭇잎 사이 비취빛 눈에는
이무기가 살고 있다 했지만
떨치고 돌아서던 그대 눈물이 맺혀서인지
깊은 물은 소리도 없이 아프다

마음 감아가는 그대 눈빛이 두려워
산길 오르는 머리카락이 쭈뼛 서고
한더위에도 목물 생각을 앗아갔지만
오르면서 자꾸만 뒤돌아보게 하는
칠선녀 그대 푸른 치마
멀어질수록 다가오는 마음 통증
몸에 두른 그대 손이 아프다

산에 드는 이유
—광점동

남들은 마음 비우러 산에 든다고들 하지만
나는 조금씩 써버려 닳아 못 쓰게 된
야성을 채우러 간다
날카롭게 눈치 채지 못하도록
마음 속 찌꺼기를 내어 산을 오염시키고
더 채울 것이 없을 때까지
욕심 덩어리를 눌러 다지고 다져서

능선으로 가는 눈
계곡으로 가는 발
바위틈으로 가는 손

나는 뭉쳐진 오염 덩어리
풀, 나무, 돌, 맑은 물로 넘칠 때까지
가고 또 가서 빛을 탐한다
물을 탐한다
푸릇 푸릇 한껏 비틀거리며
눈이 취해 멍하도록 빈 독에
슬픈 야성을 마구 퍼 담는다

한로부근

—상백무

외로운 멧비둘기 구슬피 노래해도
누구도 눈 여겨 듣지 않는 구월이다
한로 지나면 얼어붙을 입과
쉬이 그대 곁을 떠나는 잎들이
마지막 열정을 태워 구애하느니
마음을 움직여 북두성을 보아라
가물거리던 구름은 빛을 가리우고
안타까운 몸이 소름에 들켜버린다

손 없는 가위는 곁가지를 잘라내고
떠났던 사냥꾼이 돌아와 덫을 놓는다
이 밤 지난 뒤에 다시 비바람 불어
새들은 멀리 잠적해 가고
물든 숱한 잎들이 산을 떠날 때까지
갓 난 사슴은 아직 일어서지 못하지만
언젠가는 뚜벅뚜벅 걸어가
나무 꼭지를 물고 젖을 빨리라

숲에서
—백무동

1.
숲에다 발을 넣었다 그랬더니
가슴에서 새가 날아가고 머리카락이 일어나서 나무가 되었다
그때 숲에 발이 빠졌다
몸부림쳐 보았지만 빠져 나오질 못했다
그래서 집을 버렸다

2.
숲에도 길이 있었다
그것은 굴참나무와 물푸레나무 사이로 하얗게 몸을 눕히고
높은 곳으로 혹은 낮은 곳으로 생각을 피워 갔다
때로는 망개나무 가시덤불 옆으로 싸리나무가 보라빛 꽃을 피우고 길을 막았다
싸리꽃 향은 걸음을 오래 멈추게 하지는 못했다
앞서 가던 유년의 기억들이 돌배나무 가지에 걸려 펄럭였다
여름에는 넓은 그늘로 이마를 가려 주고
가을에는 붉은 입술로 성감대를 자극하고

겨울에는 싸락눈으로 아랫도리를 때렸다
봄에는 꽃 눈길 던져두었던 사진첩 속의 낡은
잔가지들이 툭 부러져 길을 터 주었다
그렇게 굵어진 길은 끊어지지 않았다

3.
어둠이 오기 전까지는 편편하고 넓은 장소에
닿아야 했다
채근하는 땅거미가 발에 채이고 숲에는 몸집
비대한 거인들이 느릿느릿 산을 내려갔다
쏟아질 듯 위태하게 서있는 하동바위도 상수
리나무 전나무들도 구부정한 키로 내게 왔다
숲에서는 몸의 변두리에 숨어 있던 폐활량의
일부가 빠져나가고 숲이 들어와 나를 이뤘다
두렵지 않다
어둠도 가지가 무너져 내릴 듯한 큰 나무의
위협도 바위의 날카로운 겨냥도 두렵지 않다
나와 한 몸이 되어 어둠이 오기 전까지는 길
위에 있을 뿐
아직은 거미가 집을 짓기에 이른 시간이다

4.

텐트는 젖어 있었다
능선에서 만난 비에 바닥이 젖어 오늘은 눅눅한 하룻밤을 보내야 할 것 같다
마른자리와 진자리가 어디 마음대로 할 수 있을까
숲 속의 밤은 깊어 가고 텐트 속에 켜둔 촛불은 사위어지지 않는다
숲 속에는 바람이 자고 새가 자고 풀벌레가 자고 바위 돌도 나무도 이튿날 아침까지는 잠에 빠진다
그러나 나는 소곤대는 개울물 소리와 함께 잠들 수가 없다
눈 맑은 별빛과 함께 잠들 수가 없다
숲을 향해 지나온 숱한 발자국이 편안한 쉼터에 도달하지 못했는지
아니면 더 가야할 길이 끝없음을 알고 있는지
이완된 뼈와 뼈 사이에 바람이 들고 젖은 바닥이 몸을 파고든다

5.

바지가랑이를 적시는 풀잎 이슬을 털어 내며 아침을 걸어간다
아직 당도하지 않은 햇살들이 나무 가지 사이에서 가끔씩 반짝이고
젊은 동고비들이 바쁘게 내왕한다 아침이 온 것이다
새들이 나는 곳에도 길이 있고 햇살이 드는 것에도 길이 있다
숲을 지나는 길이 환하게 열릴수록 간밤의 피로가 가셨다
잠들지 못한 지난 밤 풀벌레 소리 하나 찾아오지 않더니
생명 있는 것들로 가득 찬 숲은 끈적거리는 소리들로 일어선다
그것들이 앞장서서 먼저 길을 떠난다
숲에도 길이 있었다
길 끝에 밝은 집이 있었다

이정표
—하동바위

등성이 오르기를 작파한 몸뚱이는
이젠 글렀다 쉽지 않은 포기였다
네 푸른 덩치가 산을 무겁게 하여
문득 그리워지는 배고픔으로 섰을 때
백인의 무속인은 다시 오지 않았다
길은 어디 가서 다 굶어 죽었는가
지나가다 던지는 온갖 수모에도 눌러 앉아
몸이 뿌리 내리기를 기다렸다
인연 없는 세상 일 어디 있을까만
백무동은 여기서 한참 멀고
장터목은 더 아득하거니
힘겨워 되돌아 가고 싶어질 때쯤
헛배 부른 이정표가 반갑기만 하다

봄 산빛
—한신지곡

틈으로 누군가가 엿보고 있다
하늘과 땅 사이 축축한 틈새로 누가
손을 넣어 발바닥을 간질이고 있다
눈가에 번진 미소를 감추지 못한 채
가슴을 마구 흔드는 생강나무

젖은 틈을 가득 채운
큰 눈 속에서 숨소리가 거친 것은
껍질 깨치는 소리 때문은 아니다
기슭에 오르려는 폭포소리 때문은 아니다
틈을 비집고 들어서는 발걸음 소리들

숨어도 들키기 쉬운 몸뚱어리는
알몸의 틈새를 날아다닌다 자유롭게
빛과 빛 사이에서 웃고
웃음과 웃음 사이에서 엿보고 쉽게
큰 눈 속에서 들켜버리는 물낯바닥

동고비

—음정

어둠을 이기지 못한 새가 오래된 숲에 들었다
날개를 쉬이 접지 못하고
별빛 눈뜨는 소리에 툭 부러져 내리는 삭정이
그 위에 마음 하나 앉히지 못한다
누가 불러 나뭇가지를 맴도는 것일까
안개 나부끼는 숲 속
나무를 감싸는 것은 부드러움이 아니다
휴양림 근처 산새들이 불안하다
벌목의 위협에 잠들지 못하고 파수 보고 있지만
산허리 파고 가는 벽소령 길
쉬이 날개를 접지 못하는
눈 붉은 새, 먼 길

절간 풍경
—실상사

빛이 그리운 하루살이가 몰려 와
온 몸 부딪혀도 나질 않던 소리가
있는 듯 없는 듯 실낱같은 바람 한 점에
뎅그렁 뎅그렁 속 깊은 울음을 토했다

지리산 마천 실상사 풍경風磬은
몸이 아니라 마음으로 우는 것이라고
땅에 떨어진 벌레들에게 일러 주지만
벌레들은 귀도 없이 깊은 잠에 들었다

몸 벗은 바람은 다 부질없는 일이라고
벌레들의 죽은 귀를 흩어버린 뒤
절간 뒤에 들어 졸고있는 대나무를
미친 듯이 흔들어 깨웠다

맨땅에 앉아

—실상사

엄천강 가 홀로 눈 부라리고 선 돌장승에
떡 하나 안겨 주고
산문에 드는 허락을 받았다
절은 산에만 있는 것이 아니다
들판 가운데 스스로 숲을 둘러치고
헛된 망상을 덜어 내고 있는 실상사
빈 자리가 넉넉한 마당에
비로자나불 함께 맨땅에 앉아
천왕봉으로 흐르는 지맥을 눌렀다
목이 타는 일본 열도
다시는 물을 건너지 말라며 길을 끊었다
하늘을 둘러맨 돌장승 한 쌍이
너털웃음으로 다리를 열었다

하얀 낙엽
—반선

붉은 산이 저물었다
늦가을 떡갈나무 아래 누워
저문 잎을 버리는 나무를 본다 곁에는
몸을 덜어내어 가볍게 하는 쥐똥나무와
신갈나무를 비워 몸을 편하게 하는 산이
애증으로 키워오던 너도밤나무 잎마저 떨어내고
성자의 모습이 되고 싶었을까

흰 물 든 머리카락 솔솔 빠져나가
지상을 구르는 나는
어느 나무가 버린 가랑잎일까 구르고
굴러서 세상 막다른 골목에 닿아
때 묻은 이름 벗어 버리고
뱀사골 흐르는 물이 가슴 위로 내려
하늘 붉은 마음을 전하러 갔다

푸른 눈
—뱀사골

그대 눈에 든 그리움이 지워지면
푸른 물로 깊어진 하늘을 본다
그대 눈을 찬찬히 들여다보고 있으면
내 눈도 푸르러, 푸르러 가슴 시리고
물소리 대신 쏟아지는 그리운 이름들

반짝이지 못한다고 숨어들지 말라
그대 가는 길은 깊고 그윽하거니
반짝임은 일순간에 흩어지는 신기루
물거품이 되어 곤두박질치고
은둔의 깊은 눈만 남게 되느니

그대 눈에 빠진 산이 젖었다 울고
깊이 들여다볼수록 마음만 저려오는
낯익은 하늘이 숨어 있다
내 마음 앗아가는 지천에 널린 눈에
눈 맞아 몸 버려가며 골짜기를 간다

그리움의 깊이

—이끼폭포

묘향대 가는 길에 숨어사는 바위는
슬하에 이끼만 키우고 살았는지
몸을 덮은 작은 손들이
미끄럼 타는 시간을 적신다
쉼 없이 가도 끝없는 이끼들의 무동
무동 위의 새 무동
어린 손들이 살갑기만 하다

쉬이 시큼거리는 발목에 하산은 더디고
쏟아지는 소낙비에 젖어 목이 마를 때
새파랗게 몸을 세운 물이 웃어 주었다
골짜기 내린 물에 씻겨 가는 땀 때는
강 하구에 닿아 노을이 배면
어느덧 푸른 멍으로 남은 그대
그리움의 깊이를 안고
세상 밖을 떠 간다

엄마 내
—달궁

길이 보이지 않는 숲 안개 속에서
엄마 내가 났다
천은사에서는 느끼지 못했던 그것이
성삼재 끝자락에 이르러 나를 이끌고
어느새 포근한 눈웃음으로 손짓한다

놀이에 빠진 내게 저녁 먹으라고
부르러 나온 동구 밖 엄마
소리는 들리지 않던 아슴한 손짓
앞치마에 밴 보리밥 내가 그랬을까

산에 들면 나도 모르는 개구쟁이가 되어
돌벼랑 끝을 밟으며 애를 태워도
빙긋 눈웃음으로 보아주기도 하고
가내소 깊은 물 자맥질에 한기 들 때
모닥불로 기다려 준 넉넉한 옷자락

내 길을 찾아 나선 길 위에서
그리던 엄마 내에
원도 없이 푹 절었다

이유도 없이

—심원

산이 나를 부른 이유도 모르고
숨은 길을 따라 산에 들어서
세상으로 떠나는 물을 만났다
가랑잎에 눈을 앗긴 줄도 모르는 동고비가
맑은 소리로 내 귀를 당겼다
반야봉에는 소나무가 줄지어 가고
구상나무도 이유 없이 따라 갔다

꼭 이유가 있어야만 산에 들까
물소리에 지워지는 돌아갈 길
이 산 저 산 빛이 꿈틀거렸다
숨어살기 좋은 산그늘에 들어
물소리 따라 귀를 세운 선바위도
눈 들어 지켜 선 계곡에서
젖은 몸을 이유도 없이 말리고 있었다

길을 살리다
—심원골

누군들 그러하지 않았으랴
가본 적 있는 길 위에서도 망설였던 걸
그때 기억으로는 왼쪽으로 갔었는데
오늘 이정표는 오른쪽으로 가라 이른다
잡목에 덮인 길은 벌써 희미해졌다
앞서 간 사람의 흔적은 보이지 않고
길표깃은 모두 오른쪽으로 가라 아우성 쳐
한동안 망설임도 잠시
호젓하게 지워지는 길이 마음을 끈다
한 번 들면 영 못 돌아오는 길일지라도
희미하게 묵어가는 길 위에서
뒤에 올 누군가를 위해 욕심내어
죽어가는 길을 다시 살린다

空
—천은사 일주문

큰 솔처럼
산 가운데 빈터 잡초 밭에 선 문은
무엇을 비워냈는지
드는 쪽과 나는 쪽 분별도 없이
「空」字로 서있다

누가 뭐래도
문지방을 넘어서고 있는 산그늘이나
바람자락도 모르는 채
울도 없이 눈 감고 간다
「空」字 화두에 스스로 빠져

큰 솔에 어리는 눈발은
돌아서 나가는 문을 잃어도
내리는 일에 이유 붙이지 않았다
혼자서도 잘 놀고있는 문은
누가 업어가도 모를 중증 치매다

지극한 사랑

—묘봉치 가는 길

사랑은 비명으로 하는 것이다
상위에서 묘봉치 오르는 길
한겨울 눈바람 속에서 나누는
눈물겨운 교감

아이야— 아

비탈에 선 젊은 신갈나무가
다른 신갈나무를 껴안고
하얀 뼈가 보이도록 살이 까진 채
바람 속에 토하는 절정의 외마디

아이야— 아

비명에 누군들 그냥 갈 수 있을까
둘이 붙어서 나누는 혼신의 애무를
온 나무가 눈꽃을 피워
온종일 둘러서서 지켰다

해설

*웅석봉-지리산의 막내봉. 백두대간이 몸을 틀어 마지막 내려서 솟은 봉우리. 달뜨기능은 웅석봉에서 서쪽으로 이어지는 능선이다.

*왕산-왕릉이라고 전해지는 돌무더기 무덤이 있다. 작은 피라밋처럼 생긴 이 돌무덤은 가야국의 마지막 왕 구형왕이 신라군에 쫓겨 지리산에 들었다가 전사한 곳으로 이곳에다 장례 치렀다는 이야기가 전해내려 온다. 이 산은 지리산 동부능선에서 연결되지만 약간 벗어난 곳에 있다.

*황금능선-써레봉에서 구곡산까지의 능선을 말한다. 가을에는 눈부신 억새가 능선을 장식하여 황금물결을 이룬다하여 붙여진 이름.

*하봉-중봉에서 내려오는 길보다는 국골로 오르는 것이 더 하봉의 진수를 느낄 수 있다.

*제석단-제석봉은 구상나무와 주목의 서식지로 대낮에도 하늘을 볼 수 없을 정도로 숲이 우거졌다고 한다. 그런데 해방 후 도벌꾼들이 이곳을 점령하였고 밤낮 없이 나무를 잘라내어 실어 날랐다고 한다. 그리고 단속을 은폐하기 위해 불을 질렀다 함. 그 증거로 타다 남은 고사목의 밑둥에는 톱날자국이 남아 있다.

*벽소령-뱁실령이라고도 한다. 지리산의 허리이며, 한국동란 때 빨치산들은 탄약 짐을 운반하기 위해 사람들을 징발해 갔고 끌려 간 그들은 강제로 군사훈련을 받고서 그들의 진영에

남았다가 끝내 돌아오지 못했다. 벽소령 아래 빗점골에서 많은 사람들이 죽었다.

*반야낙조-석종대 너머로 사라지는 낙조는 지리 8경 중의 하나로 장엄한 모습에 사람들은 숙연해지지 않을 수 없다. 여름 긴 하루 작열하던 태양이 석종대 너머로 숨어 들 때면 서녘 하늘은 순금빛 순수에서 진홍의 색정으로 변해 간다.

*왕시루봉-좋은 풍광 때문인지 서양인들의 요양소가 있다. 처음엔 노고단에 있었는데 한국동란 때 모두 소실되었고 그 잔해가 1980년대 초반까지 남아 있었다. 전쟁 후 다시 이곳 왕시루봉에 별장을 지어 현재까지 남아 산꾼들이 기거하고 있다. 섬진강 건너 맞은 편에는 백운산이 있다.

*바래봉-지리산 능선의 서쪽 끝머리에 있는 봉우리로 5월말에서 6월 중순까지 철쭉이 만개하여 온 산을 붉게 물들인다. 바래봉 철쭉은 주변에 잡목이 없어 둥글둥글한 꽃덩어리가 온통 붉게 피어 황홀한 하늘 정원을 연출한다.

*단속사지-웅석봉 끝자락 청석골에 자리한 단속사는 한때 수천의 사부대중이 기거했다는 기록이 있다. 지금은 두기의 탑만 마주보고 나란히 서 있고 현자가 들어 심었다는 매화가 동네 가운데에 서있다. 절터에는 지금 마을이 들어서있다.

*대원사-유평골 천년 고찰 대원사는 비구니가 수행을 하고 있다. 대웅전 축대 아래에 파초가 아름다웠으나 근년에 다 뽑아 버렸다.

*청학동-갱정유도교를 신봉하는 종교단체 사람들이 모여 이룬 마을. 원래 마을은 300여 년 전부터 형성되어 있었으나 한국전란 때 빨치산 토벌을 위해 소개되었고 지금 마을은 그 후부터 형성되기 시작하였다. 莫大於祭堂은 그들의 사당.

*쌍계사-이 골짜기를 이상향이라 부르는 청학동이라 하는 사람도 있다. 쌍계사 앞마당에 서 있는 진감국사 탑비는 일제 때 왜인들에 의해 깨뜨려져 버려진 것을 조립하여 다시 세워 둔 것이다. 쌍계사 금당에는 6조 혜능선사의 두골이 모셔져 있고 불일폭 가는 길이 열려 있다.

*칠불사-가야국 수로왕에게는 여덟 왕자가 있었는데 그 중 일곱왕자가 허왕후의 오라버니인 장유화상의 권유로 불문에 들어 가야산에서 공부하다 왕후의 잦은 방문에 공부가 되지 않아 지리산으로 들어와 공부를 했는데 왕후가 아들들 보기를 청했으나 장유화상은 냉정하게 거절했고 드디어 아들들이 득도하였다. 이후 다시 아들을 보러 왔을 때 장유화상은 이를 허락하여 산문에 들게 하였으나 문득 공중에서 소리가 있었다. “어머니 연못을 들여다보시면 저희를 볼 수 있습니다” 그래서 급히 연못으로 달

려가니 연못 속에 환하게 웃고 있는 일곱 아들의 모습이 비쳤다. 하늘을 쳐다보니 오색구름을 타고 하늘로 올라가는 아들들이 있었다.

*대성교-세석평전에 오르는 산행 기점이 되는 다리다. 여기서 대성동까지 오르는 시간과 의신에서 대성동까지 가는데 걸리는 시간은 같다. 성미 급한 산꾼들은 보통 대성교에서 출발한다.

*연곡사-80년대 초반 피아골 연곡사는 전란으로 타버린 대웅전 터에 비닐 천막을 치고 법당을 꾸몄으나 그 후 복원되었다. 동부도와 북부도는 너무 아름다워 국보로 지정되어 있지만 외부가 시커멓게 그을려 무쇠로 만든 탑과 같았다.(1984)

*불무장등-농평마을에서 삼도봉에 이르는 불무장등 능선은 지난 날 남원 사람들이 화개장터를 오가던 길이었다. 옛사람들의 치열한 삶의 자취를 더듬어 볼 수 있는 길이다.

*낫날봉-지리산 삼도봉의 옛이름. 혹은 날나리봉으로도 불린다.

*벽송사-벽송 선사가 창건한 신라 고찰. 절의 입구에는 푸른색의 아름다운 목장승 한 쌍이 있었는데 아랫도리가 삭아서 지금은 철거되어 따로 보관하고 있다. 한국동란 이후 벽송사에는 빨치산의 야전군사병원이 있었고 약이 없어 가슴 아픈 죽음들이 많았다.

*하동바위-참샘에서 20여분 거리에 있는 거대한 바위. 무속행위가 많이 이뤄지는 곳이다. 다리를 건너면 백무동 능선으로 본격적인 오르막이 시작된다.

*실상사-맨땅에 앉힌 철로된 비로자나불이 있다. 멀리 지리산 상봉을 바라보고 맨땅에 철불을 앉힌 뜻은 일본열도로 흘러가는 이 땅 기운을 지그시 눌러 앉히고자 하는 뜻이라 한다.

*천은사-신라 흥덕왕 3년(서기 828)에 덕운스님이 창건했다는 이 절은 창건 당시는 감로사(甘露寺)라고 불렀다. 그러나 약 50년 후 보조선사가 중건하면서 천언사(天彦寺)라고 이름을 바꾸었다. 이조 숙종 때 화재로 불타버린 이 절은 한동안 재건을 못하다가 영조 때에 오늘날과 같은 모습으로 재건되었다. 천언사가 泉隱寺로 개칭된 것은 약 2백여 년 전 이조 영조 때 절의 재건을 전후해서 경내에 있던 甘露泉가에 큰 뱀이 자주 나타나 공양주가 밉다고 잡아 죽였다는 것이다. 그 후부터 감로천에는 물이 솟아나지 않게 되었고 스님들은 샘이 죽었다고 하여 절 이름을 천은사라고 불렀다고 전한다. 이 절 이름과 깊은 관계가 있는 감로천의 자리는 보제루 아래 은행나무가 있는 극락대 왼쪽과 회승당 남쪽 밭 한가운데라고 전해내려 오고 있으나 정확한 위치는 알 수 없다.

*천은사 일주문 현판-두 줄 종액인 행서체로 쓰여져 있으며 山자와 寺자가 각각 바깥쪽으로 기울어져 운치를 더해 주고 있다. 이는 염불하는 스님의 모습이기보다는 취기 있는 풍류객이 건너다보이는 수홍루의 멋에 취해 건들거리는 모습을 연상케 하는 글씨다. 그러나 이 현판은 조선의 명필 圓嶠 李匡師(1705-1777)의 글씨이다. 당쟁에 몰려 전남 완도군 신지도에 유배되어 그곳에서 16년간이나 살다 생을 마친 불행하고 외로운 그의 심사가 느껴지기도 한다. 원교가 이런 글씨체를 쓴 것은 천은사가 당시 화재가 잦았기 때문에 주지 스님의 '제발 불의 화를 면하도록 하여 달라'는 부탁을 들어 그는 '불을 막기 위해서는 물이 항시 흘러야 할 것이 아닌가' 하면서 글자체를 물이 흘러가는 형상으로 썼다는 것이다. 이 글씨를 수체라고 부르는 이유도 거기에 있다.